그 눈물자리마다 한 무더기 꽃 놓으며

박옥위

1941년 부산 출생. 1965년《새교실》시 3회 추천(박남수 황금찬) 및 1967년 울산문인협회 창립회원으로 시를 쓰며 문단 활동 시작, 1983년《현대시조》《시조문학》천료. 『들꽃 그 하얀 뿌리』『석류』『금강초롱을 만나』『유리고기의 죽음』『플룻을 듣다』『숲의 침묵』우리시대 현대시조 100인선 『겨울풀』『지상의 따스한 순간』『그리운 우물』『조각보 평전』『낙엽단상』을 상재하고 여러 문예지와 신문 등에 시조 단평을 실었다.

성파시조문학상, 이영도시조문학상, 김상옥시조문학상, 동서문화상, 부산문학상 본상, 부산여성문학상 본상, 가톨릭문학상, 해양문학상(동시조), (사)세계시조사랑회 공로상을 수상했으며, 한국예술아르코창작지원금 수혜, 초등 교직 38년 봉직 국민훈장 목련장을 수훈했다.

poempak@hanmail.net

그 눈물자리마다 한 무더기 꽃 놓으며

—

초판1쇄 2019년 9월 16일
지은이 박옥위
펴낸이 김영재
펴낸곳 책만드는집

—

주소 서울 마포구 양화로3길 99, 4층(04022)
전화 3142-1585·6
팩스 336-8908
전자우편 chaekjip@naver.com
출판등록 1994년 1월 13일 제10-927호

* 본 도서는 2019년 한국문화예술위원회, 부산광역시, 부산문화재단의 사업비 지원을 받았습니다.

—

ISBN 978-89-7944-699-9 (04810)
ISBN 978-89-7944-354-7 (세트)

책 만 드 는 집 시 인 선 130

그 눈물자리마다 한 무더기 꽃 놓으며

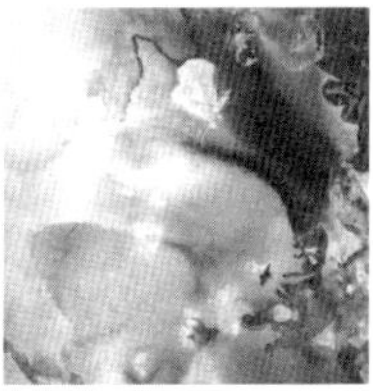

박옥위 시조집

책만드는집

| 시인의 말 |

열두 권째 시조집을 묶으며
나는 나를 짚어본다. 허접 중에서도 꽃은 피고 있을 것이다.
나는 나의 그리움을 믿는다.

그러나 길은 멀고 끝은 보이지 않는다. 그리움에 어찌 끝이 있으랴!

샘은 어디에나 흐르지만
길어도, 길어도 가슴이 타는 이 갈증은 무엇인가!
내가 느끼는 머나먼 갈증은 내가 이 세상을
순수하게 건너가기 위해 몸부림치는
독백에 지나지 않는다.

무리 속에서 고독을 느끼는 내 버릇
그것이 나의 글 나의 시조이다.

나는 언젠가 시조에게 밥을 사주고 싶다고 한 적이 있다.

시조여! 그대 언제까지나
나의
맥을 짚으라!

—2019년 여름
병산에서
지언 박옥위 쓰다

| 차례 |

1부

2부

3부

4부

5부

1부

여*

아직 물속입니다 이명 앓는 돌 뿌리

당신이 오시기엔 아직은 젖은 시간

물결에 살이 닳도록 아직 바다입니다

솟구치다 갈앉는 내 맘의 무간지옥

울음 만 평 파도 자락에 부침하는 이 자리

절절한 귀앓이 하나 여태 여기 있습니다

* 암초暗礁.

모오리돌

유채꽃 돌담에 검은 모오리돌 하나가
골프공의 품새로 산뜻하게 앉았다
어림도 반 푼어치 없는 저 꿈도 꿈이다

날 힘껏 쳐다오 하늘까지 닿았다가
적막을 벗어 들고 홀인원을 맞으리라
꿈꾸는 모오리돌 하나, 가당찮은 저 고독!

물웅덩이

명산은 꼭대기에 물웅덩이 하나 두지

천지연 백록담에 하늘 눈물이 차 있지

누군가 흘린 눈물에 내 눈이 젖곤 하지

내 명치끝에도 물웅덩이 있지 싶어

픽 하면 98프로 넘실넘실 그 수위

때로는 달의 부력에 찔레꽃도 맴도는

시집 한 권

은행잎이 마음까지 물들이는 늦가을
서점에 들러서 시집 한 권 사 들고
시인의 먼먼 나라를 맨발로 건너간다

가파르긴 하지만 별이 한참 가까운 길
여뀌꽃 턱주가리 바늘꽃 풀솜다리
나직한 꿈의 언덕을 건너오는 저녁 바람

부전나비 날갯짓에 별빛을 헹궈내며
부르튼 물집을 더운물에 씻어내며
매암산 못다 넘고 지친 닳아빠진 새벽달

풀꽃 핀 자리에 고대 남은 이슬 한 알

연잎 구르던 소나기 고개 저어 떨구던

물방울 빈집 한 채 속에 가끔 전세 들고 싶다

볼펜에 대한 서書

한생은 주어진 것 먹물이나 받아안고

시인의 노예 되기를 주저하지 않는다

원컨대 명시 한 줄이 생명이 될 때까지

가을 한 상자

개울물 소리에 하늘까지 씻어놓고
달빛 한 줌 별빛 한 줌 산비탈 햇살 같은

한 상자
가을이 왔다 싱그러운 시의 말

볼이 붉어지는 건 수줍은 까닭이다
한 입 베어 물면 왈칵 안기는 물소리를

풀잎에
한 알씩 꿰면 시의 말이 환하겠다

가을비, 책을 읽다

비설거지 끝나자 나긋하게 내리는 비
석잠 깬 누에가 뽕잎 갉는 소리로
일제히 가을을 펴 들고 조곤조곤 읽는다

귀뚜리는 두시언해 초간본을 읽었을까
남새밭 겨울 초는 입동절을 읊조리고
나무들 가을 엽서를 바알갛게 쓰고 있다

사라진 우물터에 어수룩이 찾아와서
입꼬리에 밥풀 물던 며느리밥풀꽃
사립문 일찌거니 걸고 설화를 다시 쓰나

예순둘에 야학에 가 한글을 깨쳤다는

병산 할매 맨눈으로 춘향전을 읽는 소리

함박산 석은덤까지 귀가 죄다 열린다

하현달 지우개

깊은 밤 눈을 뜬다 흔들리는 구도 속
촛불 켜고 앉아서 거울을 보는 시간
마음을 닦을지라도 모서리가 퍼렇다

펼쳐도 감겨드는 샛강의 물소리는
어디를 에디디며 두런두런 흐르는가
어둠을 헹구는 소리 끄윽 끅 목이 쉰다

선잠을 뒤치다가 다시 돌아눕는 밤
누가 디딘 비틀걸음 온몸으로 닦으면서
하현달 검은 하늘을 말갛게 가고 있다

백 년 만의 가뭄

그 여름 콩을 볶는 커다란 가마솥에
다갈다갈 볶이다 불이 붙는 앙가슴

한 방울

비
소
식

없
이

에어컨만 냉가슴

꽃그늘

익숙한 꽃길에서 꽃그늘을 만났다

그늘은 존재의 또 다른 집이라고

입술을 지운 꽃들이 체머리를 흔든다

일은 한순간에 피안으로 치닫는데

생명이란 한 송이 구름일까 바람일까

꽃인가 뒤돌아보니 서늘하다 꽃그늘

달 부칭개* 익는 저녁

–귀뚜라미와 놀다

보름 등 밝혀놓고 끼끼끼 현을 긋다
아닌 척 시침을 뚝 떼는 너를 안다
달빛이 밝은 탓이야 마음이 떨린 게지

걱정 마 그것은 착한 너의 보법이지
실패란 가끔은 되돌아보는 길인걸
별들은 파란 눈빛으로 널 보고 있잖니

금빛을 고명 삼아 한소끔씩 뿌리면서
처르르 처르르르 전이라도 부치는 밤
둥그런 달 부칭개 한 판 노오랗게 익는다

* '부침개'의 방언.

오수午睡

귀뚜리 한 마리가 졸음졸음 끌고 가는 끈 떨어진 현악기 가을 악사 목쉴 즈음 달콤한 오수 한 마리 청산 간다, 날 끌고!

쪼르르 달려오는 고 작은 짐승을 비법이 마법이라 잡을 수가 아예 없어 아리랑 열두 고개가 지척이다 꾸벅 꾹!

훈맹정음訓盲正音

거꾸로 찍어서야 바르게 읽어가는
손끝엔 눈이 있다 어둠을 밝히는 눈
아이는 여린 손끝에 눈물 같은 눈을 단다

점자를 훑어가는 저 여린 손가락
요철의 그리움이 문자가 되는 동안
빛은 다 귀가 솔깃해 손끝에 닿는다

마음에도 눈이 있다 느낌으로 닿아가는
훈맹정음 1학년 낯이 선 점자책을
손끝에 빛을 세우며 아이가 읽고 있다

한글, 그 얼로 서다

– 허종하 화백전展

용비어천! 비췻빛 숨결 끝 모를 심층이여 제 뜻을
실어 펴지 못할 놈이 없어라
임금이 자상하시어 백성을 일깨웠다

바르고 큰 스물여덟 자 닿소리 홀소리 천지 만물을
호명하여 못 할 소리 없어라
세종은 새로운 질서를 이 땅에 세웠나니

낱자 하나하나는 너와 나 그리고 우리 둥둥둥 강강
술래 둥글게 잡은 손은
치욕도 가난도 다 벗고 천공의 달로 뜨다

한글 유수한 정서 닥종이의 그 포근함 표현의 유장
함은 조선 징 소리를 돌아든다
글이여 맑은 얼이여 온 세상을 밝힐진저!

세필로 쓴 엽서, 그리고 답서

–먼 별 서우승 선생님

가끔씩 오밤중 그믐달 아래 홀로 앉아 오려내고픈 내 아픔 만장을 펼쳐놓고
젤 아픈 갈피를 들고 꽃댕기를 물립니다

그때 하얀 찔레꽃이 달빛을 켜고 나와 꽃댕기를 만져보네 세필로 쓴 엽서 한 장
꼬리별 반짝 내리는 바다 밤이슬이 찹니다

고운 꽃 피워 한결 신선할 수 있을까 별을 보러 가지 말라 가슴이 떨려와도
지그시 눌러앉으라네 울음이 말갛도록

시인은 주파수를 좌판에 놓아두고 미륵산 산정에서 연을 날려보자시더니
봄 한 철 뻐꾸기만 울고 먼 봄 마냥 흐릅니다

보길도 환청幻聽

새하얀 모래톱에 소리들이 찍혀 있다

예송리 바닷가에 새 발자국 꽃이 핀다 밤새 쓴 시조 한 수 파도가 지워가고 부용동은 어디인가 오지 않는 사람 중에 고산*은 달님 되어 보길도를 거니시기, 난주** 님은 달님 뵈러 진즉에 떠나시더니 어느 봄 달빛 안고 어리연꽃 피우는데 어부사시사 읊던 구하*** 님은 어찌 또 서둘러 가시던고

지국총 지국총 어사와**** 시조, 아 시조여!

* 윤선도.
** 박옥금.
*** 박구하.
**** 「어부사시사」의 한 구절.

봄 편지

꽃이나 새 중에서 그중에서 날렵한
봄소식을 나르는 착하고 가벼운 것 중
비비새 간동거리는 봄 들판이 푸르러온다

제비꽃 향기 실은 연보랏빛 꽃바람
산소 방울 해맑은 바람꽃과 꽃노루귀
얼레지 귀밑머리가 바알갛게 물든다

별 내리는 마을에 자전거를 타고 오는
집배원 땀방울은 까치꽃에 씻어주고
자운영 꽃 들판 한 장 우표 붙여 보낸다

율려律呂

장독은 금이 간 채 뒤란에 내쳐졌다
한생을 밭에 살아 등 굽은 손윗동서
뉘라서 그려내었나, 달개비꽃 수채화

독이나 몸이나 뭐 다를 게 있을라고
금 가고 깨어지면 테메워 쓸 일이지
지샐 녘 잠긴 별빛에 옆구리도 환하것다

재우쳐 가다 보면 어둔 곳은 늘 있는 법
그 눈물자리마다 한 무더기 꽃 놓으며
자연은 그냥 그럴 뿐 눈물 닦지 않았다

2부

모란

청갑사 빛 오월 뜰에서 영랑과 속삭이다
삼백예순날의 비밀한 문을 여는
모란은
오월의 기쁨
불꽃같은 그리움

모란 보러 가는 길

눈물빛 강진 바다 몇 자락을 감고 돌아
모란의 뜰 모란은 피고 지지 말아라
꽃 보러 영랑 보러 가는 휘어지는 봄 하늘

네 피어 스러진 봄은 나라도 앓던 봄
핏빛 그리움도 차마 살가운 열다섯을
저 붉은 스란치마가 이 봄에도 더욱 붉다

그대 이슬처럼 앉다 간 임의 자리 그 자리
시린 발로 딛고 간 산자락이 그윽하다
울음도 붉게 타고 말 모란 보러 가는 길

모란은 울지 않고

–영랑의 어린 아내에게

삼단 머리 감아 빗고 꽃잠 꽂은 새아씨
귀밑의 솜털은 입김에도 떨리더니
별빛을 한 아름 안고 밤을 희끗 밟고 갔다

해 뜨자 풀 이파리 미풍에도 길을 물어
울음도 가시밭길 어이 다 울고 가나
첫잠에 품은 비망록 꽃망울째 그냥 놓고

울어라 파랑새야 강진 땅 푸른 너설
네가 울지 않으면 봄도 길을 잃겠구나
눈물빛 화염을 안고도 울지 않은 꽃이 있다

꽃만 설운 날

영랑의 생가에서 모란꽃을 보았더니
마량리 가는 길섶 흔들리는 몇 마디 말
뜬세상 여린 모롱이 아린 징을 박는다

호젓한 시오 리 길 꿈도 내 건 아니어서
혼자서 휘휘한 채 휘파람을 불어봐도
살아서 애틋한 원은 모란으로 필까 몰라

쓸쓸한 뫼 앞에 후젓이 앉으면*
흩어진 꽃잎인 듯 눈물 자국은 남아
한생을 흔들고 간다 꽃만 저리 설운 날

* 김영랑 시 「쓸쓸한 뫼 앞에」의 한 구절.

호야 카르노사*

누군가 사진을 올려 이 꽃을 물었다
화분에서 살다 떠난 이름이 호야라니
어린 날 호야 등을 켜고 어둠을 밝혔다

도톰한 초록 잎이 흰색을 감아 입고
기다란 덩굴손을 가만히 내밀 때
엄마는 미쁜 마음으로 나를 안아주셨다

착하게 살아야지 수더분한 맑음으로
함부로 고운 속내 내보이지 않을 뿐
고독한 사랑의 속맘이 애틋이도 달콤할 뿐

처연한 꽃 생각이 호야 등을 켜는 오늘은
한 번쯤 현란하게 샹들리에를 밝히면서
그윽한 이름을 부른다 "호야 카르노사"라고

* 다육이의 한 종.

벚꽃 진 자리

여태 울고 갔나 봐요 눈자위가 붉어요
하늘은 멀어서 말로는 다 못 하고
꽃가슴 풀어 젖뜨리고 연일 꽃만 피웠죠

숨어서 운 울음은 귀퉁이가 헐어서
말이 되지 못하고 울먹울먹 날아가다
꽃나무 시린 발목을 한 잎 한 잎 덮어요

수많은 봄날들은 다 어디로 간 것일까
먼 길을 돌아가며 휘파람도 불지만
서둘러 떠나간 이유, 정녕 알 수 없어요

언덕 위 꽃집

살아온 날이 온통 꽃밭이 아니어도
나비처럼 날았네 이슬 숲 언덕배기
아픔도 꽃으로 안고 풀꽃처럼 흔들리며

삶이란 돌아보니 슬프도록 아린 길을
인연의 갈피 풀며 사랑으로 돌아오는
나 또한 어머니 되어 가슴을 태우면서

길은 늘 외길 꽃비 오고 꽃눈 가고
시가 있어 오롯한 별이 있어 영롱한
아픔이 진을 친다커늘 풀꽃처럼 피겠네

아찔!

할아버지 힘들게 버스에 오르시자
재빨리 갖다 대는 할머니의 교통카드

"잔액이 부족합니다"

아찔하다
인생!

봄잠

그 옛날 엄마가 봄잠에 들었을 적
똑같은 증세로 엄마가 되는 여자
푸하하 고래를 쫓고 있네
바다를 다 삼키네

봄잠은 쪽잠이지 콱 쏟아 엎어지는
산마을 딸네 집도 차를 타면 지척인데
팔라당 나비를 따라
고래고래 헤매네

만연사萬淵寺 연등

겨울에도 연꽃 피는 절이 있다 하기에
눈물 씻으러 갔더니 배롱나무에 붉은 연등
꼭지가 새하얗도록 내 죄를 빌고 있다

초록 편지
–생각으로 보내다

물금이나 원동쯤을 새마을로 지나가다 배내골 통나무집 로사의 뜰 생각하며
연분홍 손수건 한 장 흔들고 싶어지오

묵주를 손에 들고 기쁨에 가득 차서 "걱정하지 마세요 성모님이 집도해요"
아이의 병실 앞에서 어깨 감싸주시던 이

봄은 연신 꽃대 올려 가는 봄을 손짓하고 물빛은 푸르러져 맘 헹구기 좋은 나절
넝쿨져 세세한 사념 올올이도 풀련만

봄 한 철 닿지 않은 연둣빛은 멀어라 산안개 피는 마을 새알같이 보얀 안부
마음의 우체통 첩첩 초록 편지 휘날리오

사랑의 묘약

슬픔이 빈 가슴에 잔뿌리를 내리는 밤 열사흘 달이 떠서 밤의 이마를 짚네

아, 우련 붉은 이 통증, 그리움엔 약 없으니

살구꽃 초혼

–가시는 길 앞에

꽃길 두고 가신 임 가신 길로 왜 못 오나
무덤 곁 살구꽃은 한사코 초혼인데
하 그리 그립단 말을 울며불며 매단 채

땅속에 묻은 봄은 피다 말고 길 잃었나
어디를 잘못 디뎌 절름발이 시늉일까
그 꽃샘 퍼런 서슬에 눈이라도 먼 것일까

울음 다 울지 못해 시답잖은 꽃일망정
패대기친 봄 사월의 시린 발을 닦는구나
또 마냥 그립단 말을 뭉깃뭉깃 게우며

금낭화 꽃귀고리

봄 오는 서운암에 꽃귀고리 주렁주렁
신라 적 장신구를 봄볕에 흔들면서
영축산 산허린 통째 봄바람이 난단다

서동의 노랫말이 신라 땅을 뒤흔들 듯
혼불로 날아들까 귓바퀴가 볼록하게
선화는 꽃등을 켜고 까치발로 숨었는데

이 꽃 물들인 명주 인두로 눌렀다가
깁실에 아춰 맨 꽃귀고리 짓는 봄
귓불에 하나 매달면 내 전생도 보이겠다

하아!

눈 쌓인 히말라야 차마고도를 지나가는

말 등에 멘 짐들 차茶와 말馬을 바꾼다네

흰 눈 속 에델바이스 하아! 웃다 늙는다

철조망과 나비

가볍게 날아가다 철조망에 앉는 나비
그랬을 뿐인데 내 마음이 흔들린다
냄새를 맡고 있는지 소식이나 엿듣는지

한참을 앉았다가 파르랑 날아가는
저 나빈 나비인가 이름 모를 영혼인가
저 혼자 자유로운데 내 맘이 비약한다

가벼운 그 몸짓은 하늘하늘 날아갈 뿐
철조망 사이로 수천 마리 날아오르는
아직은 돌아오지 않는, 오빠는 나비 같다

여름 감나무 그늘

–벗에게

여름 감나무 그늘서 시집을 읽었다는
여인의 눈빛이사 맑은 강 흐름일 터
심호흡 한 번쯤으로 맥을 다 짚는다

갑년의 나이 곁을 흐르는 강물까지
여울목을 에돌아도 구김살이 있으랴
시 읊어 바람을 가르는 푸른 여름 한나절

감나무 잎새들이 사운대는 까닭이야
어찌 그냥 바람일까 아득한 기별인걸
아, 쪽빛 푸른 하늘에 뭉게구름 솟는다

3부

섬진강이 울었다

송림은 울울하고 청매꽃 향그러운
하동은 착한 벗 희야의 고향이다
그리움 너울거리며 유장히 흐르는 강

둥지 큰 소나무에 저녁 해 사위는데
내색하지 않았다 얼굴을 닦아주며
잘 가요 의롭게 사셨으니… 뒷말을 흐렸다

그런 그녀 숨어서 서럽게 울었을까
살아서 미쁘던 날도 헛되고 헛되다고
그리워 다시 그리워 섬진강이 울었다

단추를 누르다
–트럼펫

단추를 누르면 새들이 날아와요
구멍 속을 빠져나온 고 작은 새 떼들
어둠을 확 밀어내며 빠라라라람 날아가요

가슴에 쟁여졌던 슬픔의 찌꺼기가
파라람 파라라람 소리 내며 날아가요
파라라 파라파라파람 떨면서 날아가요

그 많은 새들은 다 어디로 날아갔나
짐작해요 모두 다 내 가슴을 관통한 걸
파아란 숨구멍 하나가 살짝 열렸으니까요

흙피리 소리를 듣는 가을 저녁

황야에서 한 사내가 오카리나를 부는데 신이 내려와 소리 속에 틈입하자
천 년쯤 젖은 백토가 새가 되어 날아간다

그때 산은 산마다 단풍 속에 붉게 타고 황야는 발갛도록 들불이 번져나고
흰 새는 히어리히어리 주술을 암송하지

가끔은 사람도 가슴속이 텅 빌 때면 여적을 남기고 문득 자취를 감추는지
공명은 지구의 먼 자락에 낮달로 뜬다는데

다시 겨울이 오고 한랭전선이 다가오면 숨겨온 청동거울에 애틋이 입 맞추며
돌아올 새를 위하여 흙피리를 불겠네

자갈치,* 어린 날

눈 감으면 유년은 한달음에 달려오고 생각을 펼치면 싱싱하게 엮어지는 생명은 파닥이는 것 갯비린내 후욱 친다

꼬챙이 낚싯대로 오빤 아지를 낚고 주전자 바다에 난 은빛 고기 담아 들고…
오빠야! 영도다리 든다아 하아하아 하늘 본다

사람도 차도 시간도 숨죽이며 멈춰 서면 배들이 때를 맞춰 유유하게 지나간 후 크르릉 크릉크릉 철꺽 철다리가 닫힌다

칫, 저 배 보내려고 큰 다리를 들었나 베?
넌 아직 모르지만 약속은 약속이야!
돛대는
비록 작아도
꺾을 수야 없잖니?

* 한국 최대의 어시장이 있는 곳.

엄지를 그림과 같이

주민등록등본을 떼려고 기기 앞에 섰더니
기기 속 아가씨가 상냥하게 안내한다
"엄지를 그림과 같이 살짝 올려주세요"

그렇군! 엄지를 그림과 같이 살짝…
한 번 더 엄지를 그림과 같이 올려…
이마를 싹 밀어낸다 냉정한 말 아가씨

쫓겨난 아이 맘이 이렇듯 붉어질까
가슴에 손을 얹고 내 맘을 만져본다
불현듯 이방인이 된 나는 대체 누구일까

빙그레

행복하냐 묻기에 빙그레 웃었더니

그런 그도 나를 보고 빙그레 웃는다

빙그레

아이스크림

달고 차고 쉬 녹는다

산정약수 山精藥水

산정약수 한 쪽박 마시는 그 찰나에
극락암 노스님의 목탁 소리 굴러온다

또르르
목 넘어가는
　　　　　은빛
　　　　　　여의주
　　　　　　　　한
　　　　　　　　　알

아가 미라

–신장 위구르 박물관에서

머리를 땋았구나 어여쁘다 해야 할까 비단옷 비단신 분홍빛이 곱구나

아가야 넌 어느 엄마의 아픈 별빛이었을까

이름을 부르면 품에라도 안길 듯 방긋이 열린 입술 채 다물지 못했구나

엄마아! 귀여운 목소리가 또르르 굴러올 듯

너는 이미 하늘나라의 샛별로 났을까 빈 몸만 여기 남아 소장품이 되었구나

영혼과 피안 사이에 피다 마는 피리 소리

오카리나에 새가 산다

오래전 한 여인이 첨 오카리나를 부는데 천 년쯤 젖은 흙이 별빛을 털고 와서 가만히 듣고 있었다 제 물에 제가 취해

그때가 감 볼 붉어지는 그맘때였는데 빈터에 발갛도록 산들이 둘러서서 불새를 불러내었지 카랑한 새 한 마리

널 만난 한 생이 하물며 허접이더라도 피맺히게 울어라 새의 혼을 일깨우며 공명도 별빛에 버리면 울음소리 맑겠다

풀잎도 다 삭은 벌 서릿발에 기대서면 겨울밤 어둠 속을 칼을 치는 바람 소리 울어라 살이 다 닳도록 오카리나에 사는 새여

파꽃

실날같은 바람은 초록 이야길 풀지만

풀린 실밥 끄트머리 울음이 매운 거야

통통한 비파 소리가 해를 끌어 올린다

사월 곁 오월 들녘 뻘종다리 우는 봄
보퉁이 하얗게 이고 장에 가는 행렬들
알싸한 초록 눈물로 길을 잃지 않는다

울음이 매울수록 가난도 따라왔다

엄마의 치맛자락 꼬장꼬장 눈물 얼룩

하얗게 뿌리 매운 말로 한나절은 걷는다

가을 고추잠자리

아무도 탓하거나 참견할 일 아니다
마른 덩굴 끝에 앉을락거리는 그를
풀밭에 메뚜기들이 뛰어다니는 동안은

숨 가쁜 기다림은 없거나 상실이다
실로 아름다움은 골똘한 한순간일 뿐
셔터를 누르는 사이 사라지는 실루엣

자연스러운 호수의 밤

피라미가 별빛을 한 입씩 당기더니
나무들이 누웠다 호수에 밤이 왔다
모두들 함께 모인 밤 폭죽꽃이 파앙 팡팡

막내가 칭얼댄다 엄마 쉬 마려워
이곳이 어디야? 그 쉬운 걸 넌 모르니?
까르르 누가 웃는다 별빛이 샐쭉 해쭉

여보, 등이 가려워 여기쯤 여기, 여기
시원해? 아빠 새가 물갈퀴를 찰방찰방
갈숲이 자지러진다 제가 더 가려웠나

지각한 달님이 하얀 발을 들이민다
날 보러 오셨나요 수련이 부끄럽다
한낮이 나는 좋은데 그때 오실 수 있어요?

우수절雨水節

스님 뵈러 가는 길 조팝나무 가지 끝에

새 울음이 매달렸다 종알종알 좁쌀눈

봄 입김 따스하다고 분홍 웃음 물고 있다

퐁 하고 떨어지는 고드름 끝 물방울이

떨어지다 맺힌 아픔을 딸꾹 하고 멈추는데

풀잎에 총총 앉은 이슬, 눈빛 초롱 빛난다

화살나무

먼 곳 그리움을 쏜 내 붉은 화살촉
불붙어 사라지던 비애의 쓰린 늪
절면서 찾아가는 밤 카랑하다 북극성

붉은 눈물 그보다 피맺힌 말이 없어
한참을 고개 숙여 발끝을 바라본다
떠나간 새의 흔적이 흰 똥으로 남은 저녁

다시 날릴 수 없는 게 어디 화살뿐이랴
무뎌진 살촉 끝에 차라리 꽃을 재워
잠 못 든 내 전통 위에 푸른 밤을 꽂는다

고전으로 통하다

금낭錦囊을 깁던 손에 꽃 향인들 묻었을까
선화공주 귓불에 꽃귀고리 달아주며
소쩍새 보름달을 안고 밤새 달빛 풀어낸다

섬돌이나 풀섶에 자리보전하고 앉아
저녁내 헌 비올라 금이 가는 귀뚜라미
초저녁 부엉새 울어 전설 같은 밤이 온다

개발새발 글을 읽다 뚝 하고 멈추는
별빛 쏟아지는 논길을 걸어가면
고전은 생명의 통로, 개구리 합창 소리

꽃돌

돈을새김 낙관을 품어 안은 바위가
몸속에 박힌 어둠을 천만년 굴리다가
벼리고 벼르며 새긴 선홍빛 울음 한 채

꽃뱀처럼 휘감던 용암을 끌어안고
옹이 박힌 설움을 꽃들은 갈았을까
분신焚身에 확 엉겨 붙은 돌올한 매화 넋

태워도 탈 수 없는 울음꽃 한 송이가
견뎌온 하늘빛이 꼭두서니 빛이다
맨살에 화인을 찍는 청담한 꽃의 얼개

숨 쉬는 벽

–J 성당

누군가 흐느낀 울음까지 죄다 듣는

숨 쉬는 벽이 있다 등을 기대고 싶은 풍금이 B단조 저음으로 몸을 감싸 흐를 때 듣고 있다 열심히 손 모으고 바라면서 한 발을 채 못 떼고 두 손을 귀에 대고 날마다 달싹이면서 입술 모으는 벽이 있다 성호를 가만 긋고 십자가를 바라보면 첫 고백의 눈물은 몰래 흐르고 벽들도 숨을 내쉬며 발꿈치를 세우는데

고요 속 풍금 소리가 나비 등을 타고 온다

불꽃 난타

–광안리 불꽃놀이

무희는 배꼽춤을 화려하게 홀려놓고
보풀을 따라가며 우아하게 부풀더니
파방 팡, 만개한 꽃포, 교성이 폭포 같다

화르르 오방색이 무지개와 손을 잡고
탄성 또 불꽃 난타 화려만발 수놓으며
짓밟힌 꿈을 뒤집고 가슴 펑펑 터뜨린다

단 한 번 교미 후 암사마귀에 사로먹힌
수사마귀 신음 같은 증발되는 저 희극
쾌락과 메커니즘이 혀를 물고 이를 물고

혼절한 무리 별이 제자리에 박힐 동안
술 한 잔 회 한 점 술 취한 듯 꽃 취한 듯
파도가 몸을 뒤집고 오던 길을 다시 가네

4부

울 엄니, 드럼 치시다
—빨랫방망이의 노래

톡톡톡 토닥토닥 처르르르 찰방찰방

냇가서 옷가지 내놓고 이 천지 거름 무더기 빨랫방망이로 씻고 닦고 걸러내며 울 엄니 드럼을 치신다 철철철 쩟 쩟 쩟 두두두두둑 두두 또닥또닥 탕탕탕 이 골 저 물 다 씻고 행불 전사한 아들 생각을 하얗게 빨아 널고 늘그막에 재난이며 슬픔도 설움도 아픔까지 두드리다 보면 빨래는 하얘지고 머리카락도 하얘지는데 엄마의 드럼 소리에 잠이 깬 우리 산하 골짜기를 타고 십삼만 오천의 백학*이 날아와 흰 춤을 한바탕 추고 가는 것이 눈물, 눈물, 눈물인가

톡 토닥 톡 토닥 톡 톡 톡 톡 토 닥 토 닥

* 6·25전쟁 행불 전사자들.

가파른 사십 계단

–오늘, 중앙동

내 열 살 적 전쟁 나고 사십 계단은 유명해졌제

지금 봐도 역시나 가파르긴 매한가지 '가위바위보' 오르고 또 오르며 꿈 푸르던 그 애들 검정 고무신 한 짝 질퍼덕 물이 새는 발과 길이 벗겨지는 층계가 마흔 개 계단은 아코디언같이 접혔다 늘어나는데 "사십 계단 층층대에 앉아 우는 나그네…" 종일을 축음기는 목이 쉬게 돌아가고 허기가 들어 지루하게 길어지던 모가지는 슬펐다 1950년, 6월 전쟁의 앙상한 기억 속을 추적추적 찾아오는 구두닦이 박상장수 동생을 업은 나도

지금은 사십 계단 아래 청동상이 되어 있다

길 위의 파도

S 라인* 넘어서서 C 코스**를 가다 보면

길 위에 놓인 파도 그 파도도 숨이 찬다

할배요!

퍼뜩 건너소!

애가 타는 사투리

* 청년기.
** 노년기.

빈 교실

칠판 분필 분필 지우개
책상 걸상 오르간

“애들아 걸상을 쏘옥 당겨 앉아라!”

울커덕!

눈물이 난다
사랑한다
애들아!

무거운 혀

말씀은 머리 위에 혀 모양으로 내렸다고
성서의 한 구절을 필사하는 그동안
너무나 감사한 것은 가슴속에 쟁입니다

통하면 모든 것이 하나로 보입니다
말의 통점이 모두 정신에 있다는 것
운 떼면 내 일필휘지는 생멸의 기화요초

비교적 참는 법을 사랑하고 있습니다
천의 혀 부지기수의 허사가 떠다니는
생명의 무거운 혀는 휘두르지 않습니다

남포동의 새

램프 등 등피를 말갛게 닦던 소녀가
남포동 골목에다 푸른 창을 하나 내고
호오이 호오이이이 새를 불러들인다

한 무리 새 떼가 하얗게 날아온 후
첫새벽 문을 여는 두부 장수 방울 소리
“손두부 한 모 주이소” 어머니가 나오시고

자갈치 아침 장을 다녀오시던 아버진
거제 포로수용소까지 아들을 찾아가서
불타는 침묵을 안고 골목길을 들어서고

홍안의 오빠는 아직 열아홉의 일등병
위패 묘역에서도 휘파람을 불까 몰라
호오이 화답하고 싶은 남포동에 새가 산다

남포동 3가

남포동 3가 옛집은 구둣방이 되었는데
사람의 일은 알 수 없는 일이어서
사람들 발길 더듬는 버릇이 내게 생겼다

오빠가 군화를 신고 전장으로 떠난 그 후
운동화 적 소녀로 이 거릴 떠났지만
오빠는 행불 전사자로 돌아오지 못했다

남포동 3가는 예나 제나 붐비지만
붐비는 한때 텅 빈 시간의 틈 사이에
수없는 발자국에 찍힌 역사가 둘러선다

부모님도 아들 찾아 버선발로 떠나시고
무심한 건각들이 이 거리를 지나지만
남포동 3가는 가끔씩 새를 불러들인다

'살'에 대한 작은 명상

첨 나는 엄마의 꿈 아버지의 별이었다
별은 또 사랑의 꽃 아가의 샘으로 살아
살구꽃 꽃 피는 봄날, 그리움을 보았다

노루귀 현호색으로 피어나는 고운 꽃은
살아 있다는 몸의 글 보드라운 나의 살갗
당신이 호명한 새벽별 저녁나절에 잃을 꿈

나는 지금 살아서 나의 글을 쓰지만
지칭개 동백꽃 툭 지고도 환한 얼굴
곡哭인가 미소인가를 아직 알지 못하네

새는 하늘을 울며 고향으로 돌아가지만
누군들 울지 않고 저 하늘을 건너갈까
한 줌 재, 희끗한 연기 꽃이 지고 또 피네

눈물이 달콤하다

뜰 건너 민들레꽃 햇살도 반짝였다
오르간 건반 앞의 미소년*은 죄인인가
벽 안쪽 그늘 속에서 그냥 시든 꽃인가

순간의 그 포효를 감당 못 한 죗값이여
그물에 포획된 채 염장되는 어족처럼
눈 푸른 생의 반쪽을 괄호 속에 던졌구나

아버질 탄주하며 소나기를 쏟아낸다
목마른 하늘빛은 액젓보다 짜건마는
눈물도 달콤하다며 하냥 비를 맞고 있다

* 어머니를 괴롭히는 아버지를 살해하고 무기수가 되어 형무소에서 죄를 뉘우치며 오르간을 치는 청소년이 있다.

겨울 민들레

겨울 달 끌어안은 야무진 조선 아이
버선목 추운 날을 웅크리고 앉았다가
부엌 앞 짚불을 쬐듯 야윈 손을 펴 든다

여태 못 씻고 산 가난한 설움 한 벌
가슴에 묻은 속씨 시나브로 다듬으며
햇살을 펴 들고 앉아 실꾸리를 감는다

가난한 생각 끝엔 맑은 별이 떠오르고
지류도 물길 트여 강물 불어나겠네
귓바퀴 곧추세우며 돋움발로 서는 너

지우개 똥이다

일흔셋 할머니가 시 공부 하다 말고
시인이 무엇꼬 하기에 시인, 시인 갸웃대다
신이요! 꽉 당겼더니 두 눈이 휘둥그레

신神이라 그 말이가, 저 높은 곳에 계신
신도 그러하지요 지친 발을 감싸는
세상의 밑바닥을 캐어 구름처럼 피우는

신은 하늘에 있고 바닥에도 있누만!
오호호 오호오호 고갤 연신 끄덕끄덕
알 듯이 쪼매 알 듯이 하아하아 그케, 그케

좋은 일 기똥찬 일 궂은일 기막힌 일
쓰다가 다시 읽다 지우개로 닦는 그 일
어눌한 시인 몫이다 그게 지우개 똥이다

흑백사진

– 저미다

"헬로우, 기브 미 초콜릿" 눈만 하얗던 날

내 열 살 기억 저편 붉은 전흔이 뜨겁다

날 닮은 소말리아의 딸,
타는 듯한 저 눈빛!

숲의 온도

나비가 꽃잎에 앉을 때는 춤을 접어
상냥하게 드레스를 펼치며 나풀나풀
꽃잎에 앉을 때까지 바람이 향그럽다

초록빛 숲에서 산소 방울 불어올 때
미풍 속에 도라지꽃 파악하고 터질 때
숲 속의 온도는 역시 변하는 게 아니다

상수리 한 알 땅 위에 톡 떨어질 때
다람쥐 한 마리가 그걸 물어 숨길 때
세상의 곳간은 크다 가을이 깊을 동안

산새가 금방 낳은 하늘빛 산새알들
두근두근 이 느낌은 숲들이 알고 있다
온도가 상승하고 있다 사랑이 익는갑다

꽃 피다, 북문 진달래

—충절 송상헌 부사

북문 진달래는 어찌 그냥 붉을거나
피어도 그냥 피지 못하는 그 아픔을
어찌 다 울 수 있으랴, 가슴이 발갛도록

죽어도 죽을 수 없는 임의 넋은 꽃일거나
피고도 다 못 피는 진달래로 피어나서
이 산하 굽이굽이마다 뜨겁게 타오른다

"싸워 죽기는 쉽지만 길을 빌려주기는 어렵다戰死易 假道難"

아, 장렬히 순절한 임의 뜨거운 목소리
역사는 푸른 함성으로 천지간을 뒤흔든다

서러운 역사의 뒤란을 밟지 말자고
울어서 하늘에 닿은 민초들의 눈물꽃
진달래 북문 진달래는 가슴가슴 피고 진다

코골이 헬리콥터

-비정규직을 앓다

심하게 코를 곤다 막노동이 힘들었나 하 낮게 헤엄치는 철갑상어 한 마리 콰르릉 콰릉콰릉콰릉 더 낮게 뜰 수 없다

산소 결핍증에 결벽증에 지리멸렬 어쩌다 몰리기를 이렇게 몰리다니 이 시대 위험한 암호는 감기고 또 감긴다

쾌청의 하늘로 날아오를 새 떼들 추락하는 시대여 활주로는 있는가 난코스 깜깜한 바다에 불시착이라니! 시대여!

배퐁양한* 고양이

–현강 전각을 보다

코끝 빨간 고양이가 팔을 베고 누웠네
기쁨조 날아들어 나비춤이 한창인데
객이 쓴 시를 읊다가 코로로 산을 넘네

* 잘 먹어 배가 부르고 등도 따뜻하여 눈 아래 부러울 것 없는 상태를 이르는 경상도 방언.

새벽, 수묵화를 읽다

구포를 떠난 열차 물금역을 통과할 적, 강 건너 하얀 산이 몽울몽울 일더니
유유히 초록을 삼키며 안개 나라를 세운다

보오얀 벽이 선다 움직이는 하얀 설국雪國 현실과 서정 사이에 보오얗게 벽이 서자
장엄한 새벽 수묵화 일필휘지 여여하다

필생의 춤을 구사하는 발레리노 기예인가 예술은 사랑이라고 몸짓을 펴는 사이
물총새 온몸을 쏘아 은피라밀 물고 난다

새벽바람 한 줄기가 엔딩을 예고하나 신세계*는 현을 타고 가을 철길을 흐르고
강가엔 강아지풀들 수화手話가 왁자하다

* 드보르자크의 교향곡.

물망초꽃이 핀다

느닷없는 낙마라니 거꾸로 선 길을 만나
정적은 나를 재워 물속같이 고요한 때
순간은 영원과 맞닿아 물망초꽃이 폈다

만신창이 뻗어버린 처신은 두고라도
무명씨 박힌 통고를 저울질하는 이들
물망초 핀 까닭이야 하늘 말고 뉘 알까

상처를 껌처럼 씹고 뱉는 방울뱀보다
생명을 받아 드는 기도는 따뜻하다
새로 본 가을 하늘은 여전히 맑았다

허언虛言이 돌팔매 되어 난무하는 이 거리
무서운 모서리는 지척에 놓였던가
별들은 카랑카랑해도 눈물 흘리지 않는다

5부

파랑새를 보았다

그리움을 어이 알랴 들을 귀가 없다면
결절되는 음색으로 그대 가슴 떠느니
눈물이 꽃으로 피면 꽃밭 하나는 내 몫이다

가슴을 베듯 흐르는 여린 숨결이라도
끊어질 듯 흐르다 제자리로 돌아올까
슬픔이 파랑새라는 걸 내가 알지 못하고

플루트 선율 따라 하늘대며 날아가서
망각의 강 그 기슭 하류까지 흐르다가
부리에 꽃을 물고 나는 파랑새를 보았다

달개비꽃

돌절구를 에돌며 목을 길게 빼 들고서
모딜리아니* 여자는 먼 하늘 바라본다
두 눈이 호수 같구나
감청빛 그리움

* 1884-1920. 이탈리아 화가.

달빛 발틀

보름날 가신 언니 보름달로 바라보면
어디서 차르르르 발틀 돌아가는 소리
달빛을 박음질하며 문득 뜰에 내려선다

그림자 불러내어 꽃잎 마름질하고
묵화 한 폭은 감침질로 기워놓고
달빛을 바늘에 꿰면 모란 송이 벙글까

시절은 발이 길어 하늘 강을 건너는데
무변 무주공산엔 진주알이 굴러간다
내 가슴 푸른 옹당이에 물방울이 떨어진다

무는 우가 그립다

무는 우를 잃고 옆구리가 허전하다
우는 우수를 안고 돌아누웠지만
무는 늘 우가 그립다 곁이 돌아 보인다

성산 일출봉에 일렁이는 무꽃 너울
라일락 빛깔로 사월을 보내고도
미끈한 흰 종아리는 잊지 못할 미래라고

살아남기 위하여 포기할 건 무엇인가
무꽃이 맵싸한 제 향기를 모를까
무는 곧 홀로서기다 허리 곧추세운다

북한산 서설

북한산 먼 산머리 첫눈이 내리는 날
중섭의 하얀 소는 전설처럼 날아온다

남덕아! 아아아아아아아

서리서리
쌓인다

메타세쿼이아 성채城砦

지는 해 다가오자 그림자 길어진다
서릿바람 불어오는 나무와 나무 사이
까치집 한 채를 안고 잎새는 물이 든다

초록을 끌고 가는 귀뚜라미 현 비올라
풀잎들이 귀를 열어 달은 반쯤 끌려오고
노을빛 실루엣들이 단조로 둘러선다

오로지 간직할 건 임을 향한 그리움뿐
가꿔온 작은 꿈을 물관부에 새겨 넣고
가시성 원뿔 성채가 겨울 묵상에 잠긴다

따뜻하게 읽기
–간돌화살촉

어느 불가촉천민의 턱받침 그릇이라

꽃벼루나 될 것을 화살촉이 되었구나 피 흘린 수고로움을 어찌 다 죄라 하랴 장인은 돌에도 얇은 날개를 벼리다 짐승의 여린 꿈을 단번에 꿰뚫었나 그 이름 '간돌화살촉' 명징한 기록이다 절규와 붉은 피가 곰삭은 벌을 지나 욕도 죄도 다 놓고 잠시 평화를 꿈꿀까

화살촉 에둘러 눕혀 '꽃잎'이라 읽어본다

감천동의 봄
–감천문화마을

장난감 집들이 다닥다닥 손잡았다

마당이 길이고 길이 마당인 집 앞에 팬티와 브래지어가 줄타기를 하는데 골목을 들어서자 문이 벌컥 열리며 "니 약 묵았나?" 할머니의 사투리, 세상은 연극 속이라 나는 깜짝 조연인데, 화분 밭 대파는 퉁소를 불까 몰라 네모 상자 비좁도록 유채꽃 만세 소리에 동장군 꼬리 비늘 얼음가시 쉬 녹겠다 골목 벽 바다 삼아 어족 떼들 놀려놓고 산복로 확성기는 후릿그물을 쳐놓았나

"멸치젓 담그소 멸치저엇" 비늘 튀듯 봄이 온다

하늘과 땅 사이에
-청맹靑盲

달리*의 녹은 시계 그 속에서 날아온 새

코스모스 지천인 꽃언덕을 날아가네

보고도 닿을 수 없는 거리 날개 치는 새 한 마리

들어서 다 들을 수 있다면 쾌청일 터

알아도 알 수 없는 걸 절망이라 말 못 하는

가슴에 날아와 앉는 새, 청맹의 눈이 맑다

* 1904-1989. 스페인의 초현실주의 화가.

놓다와 잡다 사이

잡다와 놓다 사이 흰나비가 하느작 포로롱 날갯짓이 너의 춤이었구나 풀 여뀌 바람꽃도 죄다 씨앗을 품는 봄날

주먹을 펴 보이면 손금만 보이는데 여울 하나 흐른다네 연홍빛 너의 노래 물총새 코발트빛에 앙가슴이 떨린다

잡을 수 없는 것과 스치는 그 손 사이 손 닿지 못한 나의 먼먼 뒤안길 강나루 미루나무가 푸른 손을 흔든다

아줌마

—꽃나이 그때

나도사 한창때는 잘나가는 꽃이었다며
누군들 세상을 공짜로는 못 간다네
제치고 날개 꺾는 사이 노랑나비 팔라랑

잠시다, 가는 것은 꼬랑지가 길지 않아
웃으며 피는 꽃이 체머리를 흔들다가
나비를 불러놓고는 꽃가슴을 다 내준다

딱 한 입

어릴 적에 엄마가 주셨던 사과 한 알

동생하고 베어 먹던 사과 한 알, 그게 지상에 떠오르자 세상이 참 신기해졌지 어릴 적엔 능금도 금같이 귀해서 설날에 한 번 얻어먹을락 말락 그런데 그 능금을 잡스가 찾아서 애플이라고 했다나 사과나 능금이나 애플이나 우리가 먹던 거하고 똑같잖아 아뿔싸 다른 건 우리는 속심지까지 다 먹었고 잡스는 딱 한 입만 베어 먹었네 애플을 보면 대번 알지 세상에 어찌 그러코롬 산뜻하게 먹었을까

딱 한 입 잡스의 애플, 판에 딱 걸렸네

비碑의 후기

새 날아간 하늘이 백지처럼 비어 있다 마른 손 흔들어도 강은 돌아오지 않아

가을은 푸른 죽지를 사뭇 거두지 못한다

절망을 숨기고 빛이 있다고 말할 때 바닥에 피어나는 코발트빛 안개의 늪

톡 터져 속내 펼 수 없는 덫 없는 덫이 있다

명징한 석류알들 붉은피톨 혼곤하다 고운 씨 호호 불어 애써 불을 지핀 나날

무량한 달변의 시간에 마침표가 어이없다

살갗에 고요가 쌓여 잊은 듯 먼 오후 여린 가을 햇살에 돌올하게 떠오르는

'행화촌'* 한 시구를 새겨 시비詩碑 하나 놓고 싶다

* 민립 김상훈의 시제.

제주 마지막 해녀의 꿈

태생이 바다이고 배운 것이 물질이라
배운 글은 없어도 물일만은 다스리오
쉽게도 살아온 목숨 후회는 하지 않소

지상의 모든 밭은 씨 뿌리고 거두지만
가꾸지 않아도 화려하다 바다의 밭
캐어도 건져내어도 만장 열린 보물 창고

제주도 해녀는 천하 없는 명인이오
연안을 일터로 삼아 자식 양육하면서
휘이익 숨비소리로 바다를 다독여 안고

당대 마지막 해녀 할머니는 꿈을 꾸오
바다는 지아비요 바다 생물이 효자로다
"의원님 비바리 학교 지어보심이 어떠하오"

직통전화

처음 폰이 생겼을 적 이런 일이 다반사라

신부님 강론 중에 ~옹헤야 어절씨구~ 폰 벨이 ㅎㅎㅎㅎ 벚꽃처럼 날아간다 홍당무 마흔세 개라도 쥐구멍이 하나 없다 미사 중에 ㄸㄹㄹㄹ 물살이 구겨진다 ㅋㅌㅋㅌ 눈이 찡긋 ㅁㅇㅁㅇ 속이 찔끔 물고기 입질하듯이 쿡 ㅋㅋㄹㅋ 팝콘 튄다 성체를 영하고 서서 입술을 달싹달싹, "성모님! 우리 엄마 꼭 낫게 해주세요 예, 꼭이요!"

미카엘 직통전화는 거두절미 영순위다

동강할미꽃

할미라 부르려니 연보라로 눈 뜨기에
어머니의 꽃댕기를 아릿하게 만져보네
동강이 비췻빛 가슴 갈마 안는 이른 봄

겨울을 건너오기 너나없이 아슬할 때
동그란 수태 속에 초승달도 귀가 돋아
귀퉁이 시린 별빛에 어머니가 오시네

뼝대*에 오밀조밀 이른 봄을 불러 앉혀
그냥 척 둘러봐도 그리움은 낯이 익다
울음도 삭은 꽃 섶에 다시 피는 동강할미

* 바위로 이루어진 높고 큰 낭떠러지. 동강할미 서식지.

개안開眼

– 김말애 할머니

서리 세상 늦은 장미 입술이 부르텄다 어눌하게 더듬더듬 춘향전 읽는 어매 종이에 김말애라 쓰니 눈물이 나더만요

눈물이야 가슴을 적셔내는 말이란 걸 일흔셋 들도록 알 만큼은 알았어도 눈 뜨고 제 이름 쓰기 가당찮은 복이라요

농사일은 들은풍월 손이 닳게 살았지요 자식 농사도 구 남매 손자 손녀 스물둘인데 고맙소 늦게 뜬 글눈 가슴이 확 틔네요

전설이 되신 청산이시여! 백학처럼 나소서!

–민립 김상훈 베드로 선생님의 영전에

꽃들이 사무치게 이름을 부릅니다.

들리시나요 웃듯 울듯 꿈인 듯 생시인 듯, 잃은 듯 놓친 듯 아득히 살구꽃비 내리는 날 행화촌은 어딘가요 시인이 떠난 고향, 진리엔 별이 있고 맘에는 꽃이 피어, 목숨도 가시는 길이 꽃길이길 바람하며 피는 꽃 저 너머로 지는 꽃도 곱다시더니, 울음도 다 삭은 강을 맨발로 밟으시며, 흰 구름 한 송이로 피어 돌아나 보시는지 시, 노래, 눈물, 인정, 흙과 물, 바람까지, 가슴속 수천 별들은 어디다 부려두시고 우륵은 홀로 청산에서 휘파람을 부시던가 –내 구름 되거든 자네 바람 되게–* 평생을 의롭게 또 겸손하게 흘러온 강, 이제는 어느 강이 풀리어 임은 돌아오실는지 아아 북을 쳐라 가슴의 강이 푸르도록, 일만 겹 시름은 강이 되고 설움은 꽃피어라 살아서 살아서 천년 그리운 별이 지고 있다 하고픈 말은 태산준령 장강처럼 푸르지나 소리 없는 유언은 서럽기도 하여라, 힘들여 남겨주신 한마디 "고 맙 습 니 다" 우리 잊지 못하리 의로우신 생애여, 그리운 전설이여 울울창창 청산이여, 참으로 감 사 했 습 니 다 이끌어주신 길목, 길목 우리 여기 시조의 이름으로 함께 모여, 선생님의 카랑하신 말씀 새롭게 듣나니, 시조는 민족 시가요 민족의 얼이요 나라의 힘이라 어찌 다 말할까 산이며 강과 바다, 이야기꽃 피던 나날 햇살 들어 고울 때는, 그립다 그립다 말하며 꽃 꺾어 찾아갈거나 떠나십니다 선생님! 꽃길을 따라가, 십자가 빛에 이르러 성모님께 안기소서

베드로! 이 시대의 우륵이여 백학처럼 나소서!

* 민립 선생님의 시 「내 구름 되거든」의 한 구절.

| 해설 |

원초적 통일성을 통해 가닿는 시인의 존재론

유성호 문학평론가 · 한양대학교 국문과 교수

1. 삶의 궁극적 완성을 믿는 고전주의자

모든 서정시는 현실과 상상 사이에서 일고 무너지는 무수한 긴장을 통해 발원하고 완성된다. 이성의 규율에 의해 탐구된 현실과 감각의 작용에 의해 구성된 상상은 인간의 인식과 정서를 복합적이고 다양하게 만들어주는 양축의 인간 조건이다. 서정시는 이러한 현실과 상상의 교차 과정을 순간적으로 드러내면서도, 그 과정이 품은 거대한 균열과 통증을 치유할 대안 세계를 마련해간다. 박옥위의 시조집 『그 눈물자리마다 한 무더기 꽃 놓으며』

는, 이러한 현실과 상상의 양면적 균형을 이루어가는 고백과 다짐의 미학적 결실이다. 가령 시인은 "시조여! 그대 언제까지나/ 나의/ 맥을 짚으라!"(「시인의 말」)라고 선언하면서, 우리를 둘러싼 불모의 현실과 그것을 치유하려는 욕망 사이의 긴장에서 '시조'를 택하고 그것을 양식적으로 첨예화해간다. 최근 우리 시조시단이 거둔 귀중한 결실 가운데 하나로 기록될 이번 시조집은, 원초적 통일성을 추구하는 서정 양식의 모형을 우리에게 살갑게 보여주면서 안정된 시형 속에서 시인 자신의 생 체험과 진솔한 정서를 정성스레 담아간다. 그 점에서 박옥위 시인은 자아와 세계 사이에 필연적으로 생겨나는 균열과 통증을 받아들이면서도 그것의 극복과 치유를 통해 삶의 궁극적 완성을 믿는 고전주의자이다. 그리고 우리가 이번 시조집에서 가장 먼저 만나게 되는 것도 박옥위 시인의 이러한 삶의 완성에 대한 애착과 실천일 것이다. 이제 그 풍경 안으로 서서히 들어가 보자.

2. 생명의 질서와 신성한 힘에 대해 은유

박옥위의 섬세한 언어는 사물들의 외관과 생태를 그려

내는 서경적 필치에서 먼저 제 역량을 드러낸다. 그는 깊은 자연의 심층으로 들어가 사물들의 훼손되지 않은 원형 속에서 가장 신성하고 깨끗한 이미지를 아름답게 그린다. 물론 그의 작법이 단순한 풍경 필사에 머무르는 것은 결코 아니다. 거기에 시인은 세계의 부재에 대한 한없는 존재론적 그리움을 얹어가기 때문이다. 이렇게 다양한 풍경 속에 가장 깊은 원초적 지향을 담아내는 언어 형식으로 그는 시조를 택하고 또 쓴다. 세계의 근원적 결핍에도 불구하고 그것을 상상적으로 넘어서고 초월하는 양식이 바로 '시조'임을 견고하게 증언하는 것이다. 박옥위 시조의 가장 훤칠한 형식 가운데 하나가 이러한 풍경들 속에서 반짝이고 있다.

스님 뵈러 가는 길 조팝나무 가지 끝에

새 울음이 매달렸다 종알종알 좁쌀눈

봄 입김 따스하다고 분홍 웃음 물고 있다

퐁 하고 떨어지는 고드름 끝 물방울이

떨어지다 맺힌 아픔을 딸꾹 하고 멈추는데

풀잎에 총총 앉은 이슬, 눈빛 초롱 빛난다
-「우수절雨水節」 전문

봄이 오는 길목인 우수, 시인의 시선에 들어온 것은 조팝나무 가지 끝에 매달린 "종알종알 좁쌀눈"이다. 스님을 뵈러 가는 길이었으니 거기서 발견한 "새 울음"은 아마도 "봄 입김 따스하다고 분홍 웃음 물고 있"는 자연의 넉넉한 모습이었을 것이다. 시인은 "떨어지는 고드름 끝 물방울"에서 봄날이 다가오고 있음을 느끼고, "풀잎에 총총 앉은 이슬"에 빛나는 "눈빛 초롱"에서 구체적으로 다가오는 새로운 봄날을 노래한다. 여기서 '종알종알', '퐁', '총총', '초롱'은 모두 둥글고 밝은 미감美感을 선명하게 전달해 주는 양성모음의 음상 효과를 산뜻하게 구현하고 있다. 이처럼 밝고 아름다운 신생의 풍경은 박옥위 시조가 본래적으로 가지고 있는 긍정과 친화의 움직임을 잘 보여준다. 그 운동이 바로 인간과 자연 사이의 서로 "닿을 수 없는 거리"(「하늘과 땅 사이에-청맹靑盲」)를 현저하게 좁혀 주면서 시인으로 하여금 자연 사물과 가까워지게 해주고 있는 것이다.

익숙한 꽃길에서 꽃그늘을 만났다

그늘은 존재의 또 다른 집이라고

입술을 지운 꽃들이 체머리를 흔든다

일은 한순간에 피안으로 치닫는데

생명이란 한 송이 구름일까 바람일까

꽃인가 뒤돌아보니 서늘하다 꽃그늘
–「꽃그늘」 전문

시인은 익숙한 꽃길을 걷다가 '꽃그늘'을 만난다. 그리고 "그늘은 존재의 또 다른 집"이라는 선명한 명제를 "입술을 지운 꽃들"에게서 듣는다. 언어를 '존재의 집'이라고 비유한 이는 하이데거M. Heidegger이지만, 시인 역시 삶의 불구성을 치유하려는 열망과 의지가 숨 쉬는 '존재의 집'이 '시詩'임을 잘 알고 있다. 세상과 만나 세상을 열려는 촘촘한 열망의 기록이 바로 '시'이기 때문이다. 시인은 "한순간에 피안으로 치닫는" 순간에 구름이나 바람일지도 모를 '생명'이 서늘한 꽃그늘에 이미 다 들어 있노라고 노래한다. 그러니 '꽃그늘'은 존재를 희미하게 함으로써 오히려 피안으로 도약해가는 생명의 무한 운동을 가능케 하는 신성의 거소居所가 되는 셈이다. 비유하자면 그것은 "여적을 남기고 문득 자취를 감추는"(「흙피리 소리를 듣는 가을 저녁」) 생명의 흔적이자, "함부로 고운 속내 내보이지 않을"(「호야 카르노사」) 존재론적 원형이 되는 것이다.

이렇듯 박옥위 시인은 사물 속에 선명하게 담겨 있는, 그러나 일상의 익숙한 눈으로는 발견하기 어려운 생명의 질서와 신성한 힘에 대해 은유하고 있다. 그럼으로써 우리를 둘러싼 뭇 사물들이 운명적으로 주어진 삶의 터전이자 우리의 욕망이 만들어낸 생명의 이형異形임을 알게 해준다. 그래서 그의 시조는 우리의 감각과 인식을 갱신하면서 생명현상의 경이를 경험시켜준다. 다양한 자연사물에서 이러한 생명의 이치를 발견하고 은유하는 시인의 시선은 우리 현대시조의 핵심 역량 가운데 하나를 선명하게 선보이고 있는 것이다.

3. 개별성과 보편성의 통합으로서의 시조

박옥위 시인은 사물에 정서를 의탁하여 절절한 경험적 실감을 노래하는 일관성을 보여준다. 그는 주위에 존재하는 뭇 사물을 통해 풍요로운 비유 체계를 얻어내는데, 이는 서정시의 보편적 작법作法을 구현해가는 과정이기도 할 것이다. 그는 역동적 자연현상을 시의 안쪽으로 불러들여 사물에 대한 활달한 묘사를 통해 삶의 이법理法을 은유한다. 그리고 우리가 보편적으로 경험했을 실감들을 유추적으로 환기해준다. 물론 그의 시조 한 편 한 편에 어린 정서적 실감이나 무게는 만만치 않은 개성을 담고 있다. 그의 시조가 생의 활력을 노래할 때에는 가장 미세한 경험의 맥락을 담고 있고, 생의 어둑함을 다룰 때에는 가장 구체적인 삶의 그늘을 축약하고 있기 때문이다. 그 점에서 박옥위의 시조 미학은 개별성과 보편성을 통합하여 구현한 사례로 다가오면서, 우리로 하여금 시조가 개인적 경험의 산물이면서 동시에 삶의 보편성을 노래하는 양식임을 알게 해준다.

눈물빛 강진 바다 몇 자락을 감고 돌아

모란의 뜰 모란은 피고 지지 말아라
꽃 보러 영랑 보러 가는 휘어지는 봄 하늘

네 피어 스러진 봄은 나라도 잃던 봄
핏빛 그리움도 차마 살가운 열다섯을
저 붉은 스란치마가 이 봄에도 더욱 붉다

그대 이슬처럼 앉다 간 임의 자리 그 자리
시린 발로 딛고 간 산자락이 그윽하다
울음도 붉게 타고 말 모란 보러 가는 길
–「모란 보러 가는 길」 전문

여기 등장하는 '모란'은 문맥의 구체 속에서는 전남 강진 영랑 생가에 피어난 꽃을 말한다. 가령 그것은 "눈물빛 강진 바다 몇 자락을 감고 돌아" 피어난 '모란'이다. 그 모란의 뜰에 "영랑 보러 가는 휘어지는 봄 하늘"은 시인의 구체적 여로를 말해준다. 그러나 어느새 '모란'은 '너'라는 존재가 "피어 스러진 봄은 나라도 잃던 봄"이라는 표현을 통해 뜻의 변이를 가져온다. 아마 시인은 "핏빛 그리움도 차마 살가운 열다섯"과 "저 붉은 스란치마"를 통해 일찍 작고한 영랑의 첫 부인을 연상하고 있는지도 모른다.

그렇게 더욱 붉게 피어나 "이슬처럼 앉다 간 임의 자리"를 선연하게 만드는 그 길은 "울음도 붉게 타고 말 모란 보러 가는 길"이 되는 셈이다. 개인사에서 민족사까지 아우르는 동심원적 구도가 박옥위 시학이 가지는 개별성과 보편성의 통합 과정을 잘 알려준다. 즉, 시인은 "천 년쯤 젖은 흙이 별빛을 털고 와서"(「오카리나에 새가 산다」) 다가오는 순간도 맞아들이면서, "순간은 영원과 맞닿아"(「물망초꽃이 핀다」) 있음을 통해 수없이 피고 이울어간 시간의 흐름을 다양하게 노래하는 것이다. 이때 "모란은/ 오월의 기쁨/ 불꽃같은 그리움"(「모란」)을 안고 있기도 하고 "눈물빛 화염을 안고도 울지 않은 꽃"(「모란은 울지 않고-영랑의 어린 아내에게」)으로 변주되기도 한다.

장독은 금이 간 채 뒤란에 내쳐졌다
한생을 밭에 살아 등 굽은 손윗동서
뉘라서 그려내었나, 달개비꽃 수채화

독이나 몸이나 뭐 다를 게 있을라고
금 가고 깨어지면 테메워 쓸 일이지
지샐 녘 잠긴 별빛에 옆구리도 환하것다

재우쳐 가다 보면 어둔 곳은 늘 있는 법
그 눈물자리마다 한 무더기 꽃 놓으며
자연은 그냥 그럴 뿐 눈물 닦지 않았다
–「율려律呂」 전문

시조집 표제가 담겨 있는 이 시편은 박옥위 시학의 남다른 위상을 잘 보여준다. '율려'는 음악이나 음성의 가락을 뜻한다. 어쩌면 그러한 가락의 조화는 금이 간 채 뒤란에 내쳐진 장독이나 "한생을 밭에 살아 등 굽은 손윗동서"처럼 그려진 "달개비꽃 수채화"에도 남아 있을 것이다. 금 가고 깨어졌지만 지샐 녘 잠긴 별빛에 환하게 존재하는 그 흔적들은, 삶에 "어둔 곳은 늘 있는 법"이고 "자연은 그냥 그럴 뿐"이라는 전언을 던져주고 있다. "눈물자리"에 처해 있으면서도 눈물을 닦지 않으며 스스로自 그러하게然 우리를 감싸는 자연의 개별성과 보편성은 이렇게 절실하게 공존한다. "흩어진 꽃잎인 듯 눈물 자국은 남아// 한생을 흔들고 간다"(「꽃만 설운 날」)지만, 한편으로는 "눈물 씻으러 갔더니 배롱나무에 붉은 연등"(「만연사萬淵寺 연등」)처럼 아련하게, 한편으로는 "울어서 하늘에 닿은 민초들의 눈물꽃"(「꽃 피다, 북문 진달래–충절 송상헌 부사」)처럼 처연하게 '율려'는 생성하고 존재하는 것이다.

두루 알다시피, 인간을 둘러싼 환경이나 제도, 관행, 풍토가 복합성을 띠면서 정형의 전통에 의지하는 시조 미학은 순탄한 발전을 하지 못했다. 심미적 관조의 순간성으로는 복잡한 사회적 의미망을 표현하기 어려워졌고, 그에 대한 대안적 사유를 드러내려고 할 때 시조 양식은 불가피하게 제약에 부딪혔다. 그럼에도 가장 짧은 형식을 통해 발화하려는, 언어를 사용하면서도 언어의 명료성을 부정하려는 정형의 역설적 노력은 압축과 긴장의 '율려'에 대한 집착을 지켜왔다고 할 수 있다. 이러한 압축과 긴장의 감각은, 언어 자체에 대한 부정이 아니라 언어의 과잉을 경계하는 방법적 전략을 말한다. 우리는 언어 과잉을 경계하려는 미학적 선택 행위를 통해 인간 존재의 구체적 개별성과 포괄적 보편성을 함께 담아가는 정형 양식을 박옥위 시인이 집중적으로 개척해가는 순간을 목도하고 있는 것이다.

4. 기억의 형식을 통한 존재 성찰

무릇 서정시는 시간에 대한 독자적 경험의 형식으로 쓰이고 읽힌다. 그만큼 서정시는 시간에 대한 경험과 기억의 재구성이라는 독특한 양식적 특성을 지닌다. 이러한 심층적 원리를 오랫동안 구현해온 박옥위의 시조 미학은 기억의 형식을 통한 존재 성찰을 아름답게 보여준다. 물론 이러한 특성은 오랜 시간 축적해온 그만의 시적 안목의 남다른 깊이를 말해주는 유력한 표지標識라고 할 수 있을 것이다. 특별히 시인의 원체험으로서 나타나는 유년 시절의 기억은 그의 존재론적 기원을 암시해주는 동시에 그의 기억이 우리 시대의 공감적 모형이었음을 알려주기도 한다.

남포동 3가 옛집은 구둣방이 되었는데
사람의 일은 알 수 없는 일이어서
사람들 발길 더듬는 버릇이 내게 생겼다

오빠가 군화를 신고 전장으로 떠난 그 후
운동화 적 소녀로 이 거릴 떠났지만
오빠는 행불 전사자로 돌아오지 못했다

남포동 3가는 예나 제나 붐비지만
붐비는 한때 텅 빈 시간의 틈 사이에
수없는 발자국에 찍힌 역사가 둘러선다

부모님도 아들 찾아 버선발로 떠나시고
무심한 건각들이 이 거리를 지나지만
남포동 3가는 가끔씩 새를 불러들인다
─「남포동 3가」 전문

사람들 발길 더듬는 기억 행위는 시인에게 '남포동' 옛집을 자꾸 생각하게 한다. 지금은 구둣방이 된 그 집은 "오빠가 군화를 신고 전장으로 떠"나 돌아오지 못한 기억과, 시인 스스로 "운동화 적 소녀로" 떠났던 기억을 함께 안고 있다. 지금도 그때처럼 사람들 붐비는 그 거리는 "붐비는 한때 텅 빈 시간의 틈 사이"로 "수없는 발자국에 찍힌 역사"를 간직하고 있다. 이제 "부모님도 아들 찾아 버선발로 떠나시고" 난 부재의 거리가 된 곳에서 시인은 "무심한 건각들"과 "가끔씩 새를 불러들"이는 기억을 자신의 시 안으로 남기고 있다. "눈 감으면 유년은 한달음에 달려오고"(「자갈치, 어린 날」) 만다는 그 선명한 기억은 "감청빛 그리움"(「달개비꽃」)과 "벼리고 벼르며 새긴 선홍빛 울음 한 채"(「꽃돌」)를 함께 남기면서 오늘도 그렇게 흘러가고 있다.

구포를 떠난 열차 물금역을 통과할 적, 강 건너 하얀 산이 몽울몽울 일더니
유유히 초록을 삼키며 안개 나라를 세운다

보오얀 벽이 선다 움직이는 하얀 설국雪國 현실과 서정 사이에 보오얗게 벽이 서자
장엄한 새벽 수묵화 일필휘지 여여하다

필생의 춤을 구사하는 발레리노 기예인가 예술은 사랑이라고 몸짓을 펴는 사이
물총새 온몸을 쏘아 은피라밀 물고 난다

새벽바람 한 줄기가 엔딩을 예고하나 신세계는 현을 타고 가을 철길을 흐르고
강가엔 강아지풀들 수화手話가 왁자하다

–「새벽, 수묵화를 읽다」 전문

역시 부산 풍경을 구체적으로 담은 이 작품은 “구포를 떠난 열차 물금역을 통과할 적”이라는 순간의 기억을 “몽울몽울” 채록해간다. “유유히 초록을 삼키며” 번져가는 “안개 나라”, 일어서는 “보오얀 벽”, 움직이는 “하얀 설국”

등이 현실과 서정 사이에서 백색 이미지군群을 파생시키면서 "장엄한 새벽 수묵화"를 생성해낸다. 그 일필휘지의 풍경이야말로 시원始原의 기억을 현재화한 것이며, "필생의 춤을 구사하는 발레리노"처럼 예술이야말로 사랑이라고 말하는 듯하지 않은가. 교향곡처럼 현을 타고 가을 철길을 흐르는 새로운 세계는 "강아지풀들 수화"의 왁자함을 담으면서 강가를 수묵화처럼 물들인다. 결국 이 작품은 '남포동 3가'가 주는 상실감의 대극에서 "고요 속 풍금소리가 나비 등을 타고"(「숨 쉬는 벽-J 성당」) 날아가는 원초적 기억의 아름다움을 보여주는 박옥위 시학의 심미적 차원을 담고 있다. 그럼으로써 "아름다움은 골똘한 한순간일 뿐"(「가을 고추잠자리」)임을 노래하는 것이다.

이처럼 우리는 박옥위 시인이 내밀하게 견지해온 그만의 기억을 간취하게 된다. 우리가 잘 알듯이, 한 편의 작품에 구현된 기억의 결과는 물리적 재현에 의해 살아난 과거 풍경이 아니라 시인의 상상력과 내적 요구에 의해 재구성된 작품 내적 장면들이다. 그것은 시인의 마음속에 보존되어 상상적으로 재구성된 미학적 상像인 셈이다. 그래서 시인은 고고학자의 시선처럼 의식 건너편에 있는 기억을 호출하면서 우리에게 그 세계를 상상적으로 경험시킨다. 그것이 바로 사라져가는 가치들에 대한 매혹적

이고도 아득한 경험을 가져다준다. 박옥위 시인은 “하늘은 멀어서 말로는 다 못 하고”(「벚꽃 진 자리」)라고 말하거나 “그리움엔 약 없으니”(「사랑의 묘약」)라고 고백함으로써 흘러가 버린 시간에 스스로 그리움을 감싼다. 이러한 면모는 빼어난 서정시인으로서의 박옥위를 잘 보여주는 사례일 것이다.

5. ‘언어’를 통한, ‘언어’에 대한 각별한 자의식

서정시의 존재 원리는 상품 미학의 규율을 통해 자기를 완성하는 문학 시장의 생리와 치명적으로 불화할 수밖에 없다. 그리고 시인이라는 정체성 역시 나날이 점증해가는 관행이나 담론의 완강한 일방통행에 의해 숱하게 흔들릴 수밖에 없다. 그 점에서 우리는 서정성 자체에 대해 깊이 사유하는 주체로서의 상像이 여전히 소중하고도 강력한 시인으로서의 존재 근거가 되는 시대를 살아가고 있다. 이러한 태도는 디지털 문명의 가공할 능력과 그에 따른 불안에도 불구하고 서정시라는 존재 양식을 지켜가는 근원적 힘이 되어준다. 박옥위의 시학적 거점 역시 ‘언어’를 통한, ‘언어’에 대한 각별한 자의식을 가지고 이러한 근원적 힘을 노래하는 세계에 바쳐진다. 그는 그 언어 안에 "삶이란 돌아보니 슬프도록 아린 길"(「언덕 위 꽃집」)임을 담기도 하고 "촛불 켜고 앉아서 거울을 보는 시간"(「하현달 지우개」)을 그려 넣기도 한다.

거꾸로 찍어서야 바르게 읽어가는

손끝엔 눈이 있다 어둠을 밝히는 눈

아이는 여린 손끝에 눈물 같은 눈을 단다

점자를 훑어가는 저 여린 손가락

요철의 그리움이 문자가 되는 동안

빛은 다 귀가 솔깃해 손끝에 닿는다

마음에도 눈이 있다 느낌으로 닿아가는

훈맹정음 1학년 낮이 선 점자책을

손끝에 빛을 세우며 아이가 읽고 있다

—「훈맹정음訓盲正音」 전문

'훈맹정음'이란 '훈민정음'을 변형시켜 1923년에 박두성이 만든 최초의 한글 점자를 말한다. 손끝의 눈으로 읽어야 하는 이 글자는 "거꾸로 찍어서야 바르게 읽어가는" 가운데 "어둠을 밝히는 눈"을 밝히 부여해준다. "여린 손끝에 눈물 같은 눈을 단" 아이는 "점자를 훑어가는 저 여린 손가락"을 통해 "요철의 그리움이 문자가 되는" 시간을 경험한다. 마음에도 눈이 있어서 느낌으로 닿아가는 "훈맹정음 1학년 낮이 선 점자책"은 그 아이에게 이처럼 빛을 세워주면서 "바르고 큰 스물여덟 자 닿소리 홀소리"(「한글, 그 얼로 서다–허종하 화백전展」)의 위엄과 가치를 알려주는 것이다. 이때 눈으로 발화하고 청취하는 '말'은 그 자체로 "영혼과 피안 사이"(「아가 미라–신장 위구르 박물관에서」)를 밝히고 나아가 "누군가 흘린 눈물에 내 눈이 젖곤 하"(「물웅덩이」)는 순간을 기록해갈 것이다.

말씀은 머리 위에 혀 모양으로 내렸다고

성서의 한 구절을 필사하는 그동안
너무나 감사한 것은 가슴속에 쟁입니다

통하면 모든 것이 하나로 보입니다
말의 통점이 모두 정신에 있다는 것
운 떼면 내 일필휘지는 생명의 기화요초

비교적 참는 법을 사랑하고 있습니다
천의 혀 부지기수의 허사가 떠다니는
생명의 무거운 혀는 휘두르지 않습니다
–「무거운 혀」 전문

시인은 '말씀'에 가닿기도 한다. 성서의 '말씀'이 머리 위에 혀 모양으로 내렸다고 하면서, 시인은 성서 구절을 필사하는 동안 "통하면 모든 것이 하나로 보"이는 것을 경험한다. "말의 통점이 모두 정신에 있다는 것"도 배우고, "운 떼면 내 일필휘지는 생명의 기화요초"라는 희망도 챙긴다. 그러면서 그는 "천의 혀 부지기수의 허사가 떠다니는" 세속의 시간 속에서 "생명의 무거운 혀는 휘두르지 않"겠다는 다짐을 한다. 이러한 역설적 소망은 "새 날아간 하늘이 백지처럼 비어 있"(「비碑의 후기」)을 때 가장 아름답게 채워져 있는 것이며, "봄 한 철 닿지 않은"(「초록 편지-생각으로 보내다」) 그리움과 그 "그리움 너울거리며 유장히 흐르는"(「섬진강이 울었다」) 시간이 가장 아름다운 순간이었음을 한결같이 새겨가고 있는 것이다.

대체로 시조에서의 언어는 침묵으로부터 길어 올려진 때가 많다. 이는 시조의 언어가 본래의 언어이자 함축적 언어라는 뜻이다. 또한 그것은 언어의 불가피한 불투명성을 넘어서는 투명성의 언어이고, 기표로 드러나지 않는 비가시적 신성의 언어이다. 한 사람의 영혼이나 존재 모두를 표상하는 매재일 뿐만 아니라 그것 자체이기도 한 셈이다. 박옥위 시인은 이러한 언어의 근본 한계를 자각하면서, 말하지 않아도 완성되는 불립문자의 경지를 지향해간다. 훈맹정음을 통해 울려오는 '눈의 말'과 말씀을 통해 전해지는 '혀의 말' 모두 그러한 무게와 질감을 거느리고 있는 것이다.

6. 시인으로서의 존재론

박옥위 시인은 비유하자면 '말(언어)'의 사제司祭이다. 그가 항상 의식하는 것은 대상이 아니라 오히려 그 대상을 선택하고 배제하고 배열하고 구성하는 '말(언어)' 자체라고 할 수 있다. 그 점에서 '말'이라는 새로운 사물에 대한 깊은 자의식이야말로 박옥위 시인의 제일의적 존재조건이 아닐 수 없는데, 이번 시조집은 시인의 '말'에 대한 예리한 자의식을 보여주는 구체적 실례인 셈이다. 이처럼 '말'을 향한 의식과 반응은 박옥위 시조의 더없는 배경이요, 가장 강렬한 존재의 원천이다. 그것이 시인으로서의 존재론을 견고하게 구성해준다.

은행잎이 마음까지 물들이는 늦가을

서점에 들러서 시집 한 권 사 들고

시인의 먼먼 나라를 맨발로 건너간다

가파르긴 하지만 별이 한참 가까운 길

여뀌꽃 턱주가리 바늘꽃 풀솜다리

나직한 꿈의 언덕을 건너오는 저녁 바람

부전나비 날갯짓에 별빛을 헹궈내며

부르튼 물집을 더운물에 씻어내며

매암산 못다 넘고 지친 닳아빠진 새벽달

풀꽃 핀 자리에 고대 남은 이슬 한 알

연잎 구르던 소나기 고개 저어 떨구던

물방울 빈집 한 채 속에 가끔 전세 들고 싶다

—「시집 한 권」 전문

시인은 "은행잎이 마음까지 물들이는 늦가을"에 서점에서 시집 한 권을 사서 그 시인이 걸었을 "먼먼 나라를 맨발로 건너간다". 그 나라는 아마도 "가파르긴 하지만 별이 한참 가까운 길"일 것이고, 그 주위엔 "여뀌꽃 턱주가리 바늘꽃 풀솜다리" 같은 생명들이 "나직한 꿈의 언덕"을 이루고 있을 것이다. "풀꽃 핀 자리에 고대 남은 이슬 한 알"처럼 "물방울 빈집 한 채 속에 가끔 전세 들고 싶"게 하는 그 "시집 한 권"은 시인 자신도 "명시 한 줄이 생명이 될 때"(「볼펜에 대한 서書」)를 소망하게 하고 "착한 너의 보법"(「달 부칭개 익는 저녁-귀뚜라미와 놀다」)처럼 누군가의 "가슴을 적셔내는 말"(「개안開眼-김말애 할머니」)을 가져보기를 희원하게 해준다. 비록 "어눌한 시인 몫"(「지우개 똥이다」)을 가지고 살아가지만, 시인의 마음에 '시집 한 권'이 주는 바람과 별빛과 새벽달과 이슬의 간단없는 생성과 소멸의 이치는 매우 중요한 시인으로서의 존재론을 구축해준다 할 것이다.

개울물 소리에 하늘까지 씻어놓고
달빛 한 줌 별빛 한 줌 산비탈 햇살 같은

한 상자
가을이 왔다 싱그러운 시의 말

볼이 붉어지는 건 수줍은 까닭이다
한 입 베어 물면 왈칵 안기는 물소리를

풀잎에

한 알씩 꿰면 시의 말이 환하것다

–「가을 한 상자」 전문

역시 가을을 배경으로 하여 쓰인 작품이다. 개울물 소리의 아름다움이 하늘까지 닿고 달빛과 별빛도 담아 건네진 "산비탈 햇살 같은// 한 상자/ 가을"을 "싱그러운 시의 말"로 받아들이는 과정이 단아하게 들어 있다. "한 입 베어 물면 왈칵 안기는 물소리"는 시인으로 하여금 환하고 눈부신 "시의 말"을 쓰게 할 것이다. 그렇게 그에게 "시의 말"은 생의 가장 순연한 아름다움을 통해 다다르는 영혼의 형식이 되어준다. 그래서 박옥위에게 '시'는 미학적 자율성을 띠는 독립적 양식이나 사회 현실을 다루는 실천 동력이 아니라, 철저하게 시인 자신의 실존적 연민과 아름다움에 의해 완성해가야만 하는 그 무엇인 셈이다.

이처럼 박옥위 시인은 시인으로서의 각별한 존재론을 정형 양식을 통해 관철하고 견지해간다. 사물의 존재 방식을 있는 그대로 받아들이기도 하고, 스스로 선택한 원근법에 의해 사물을 해석하고 받아들이는 과정을 보여주기도 한다. 사물의 내적 원리에 몸을 맡김으로써 사물 스스로의 형식을 수용하는 방식을 선호하는 한편, 자신의 성숙과 함께 사물의 소리에 온몸을 기울이는 과정 또한 밟아간다. 이런 과정은 그로 하여금 특유의 조화와 균형에 이르게 해주는 근원적인 힘이 아닐 수 없다.

7. 원초적 통일성을 회복하려는 지향

우리가 지금까지 읽어왔듯이, 박옥위 시조의 핵심은 일상적 순간과 자신의 삶을 기억과 자의식의 힘으로 통합하여 성찰하는 속성에 있다. 커다란 정치 이념이나 질서에 귀속되지 않는 다양하고도 구체적인 경험들을 삶의 보편적 이법으로 확산하여 형상화하는 것은 누가 보아도 박옥위의 고유한 시적 브랜드라고 동의할 수 있을 것이다. 그동안 그가 화려한 비평적 조망을 받은 것은 아니지만, 우리는 이제 낱낱 사물들이 품은 시적 비의秘義를 발견하고 형상화하는 그의 시적 역량에 흔들리지 않는 믿음을 보낼 수 있다. 특별히 어느 시편을 인용해도 좋을 균질성과 낱낱의 심미적 완결성은 그의 시조를 읽는 독자들을 한결 안도하게 해준다.

정형이라는 외적 제약에도 불구하고 박옥위의 시조는

'원초적 통일성'을 회복하려는 서정 양식의 본래적 지향을 풍부하게 구현하고 있다. 그것은 형식의 단호한 절제에서 오는 효과이기도 하다. 그만큼 그는 정형 율격을 섬세하게 지키면서 다양한 삶의 양상을 반영하는 일에 매진하고 있고, 아마도 그러한 세계를 더욱 역동적으로 개진해갈 것이다. 그럼으로써 원초적 통일성을 통해 가닿는 시인의 존재론을 힘 있게 그려갈 것이다. 더욱 심원해진 존재론적 충격과 미학적 파문을 섬세하게 구축하면서 삶의 완성에 대한 자신의 애착과 실천을 지속적으로 수행해갈 것이다. 그리고 바로 그 길이 그를 시조시단의 한 뚜렷한 범례로 남게 해줄 것이다.